Utilize este código QR para se cadastrar de forma mais rápida:

Ou, se preferir, entre em:

www.moderna.com.br/ac/livroportal

e siga as instruções para ter acesso aos conteúdos exclusivos do Portal e Livro Digital

CÓDIGO DE ACESSO:

A 00203 BUPARTE1E 4 39480

Faça apenas um cadastro. Ele será válido para:

Da semente ao livro, sustentabilidade por todo o caminho

Plantar florestas
A madeira que serve de matéria-prima para nosso papel vem de plantio renovável, ou seja, não é fruto de desmatamento. Essa prática gera milhares de empregos para agricultores e ajuda a recuperar áreas ambientais degradadas.

Fabricar papel e imprimir livros
Toda a cadeia produtiva do papel, desde a produção de celulose até a encadernação do livro, é certificada, cumprindo padrões internacionais de processamento sustentável e boas práticas ambientais.

Criar conteúdos
Os profissionais envolvidos na elaboração de nossas soluções educacionais buscam uma educação para a vida pautada por curadoria editorial, diversidade de olhares e responsabilidade socioambiental.

Construir projetos de vida
Oferecer uma solução educacional Moderna é um ato de comprometimento com o futuro das novas gerações, possibilitando uma relação de parceria entre escolas e famílias na missão de educar!

Apoio:

Fotografe o Código QR e conheça melhor esse caminho.
Saiba mais em *moderna.com.br/sustentavel*

BURITI Plus ARTE 4

Organizadora: Editora Moderna
Obra coletiva concebida, desenvolvida e produzida pela Editora Moderna.

Editora Executiva:
Marisa Martins Sanchez

NOME: ....
.... TURMA: ....
ESCOLA: ....
....

1ª edição

© Editora Moderna, 2018

Elaboração dos originais:

Ligia Aparecida Ricetto
Licenciada em Pedagogia pela Universidade Paulista. Editora.

Francione Oliveira Carvalho
Bacharel em Artes Cênicas pela Faculdade de Artes do Paraná. Licenciado em Educação Artística, com habilitação na disciplina de Artes Cênicas, pelo Centro Universitário Belas Artes de São Paulo. Mestre e doutor em Educação, Arte e História da Cultura pela Universidade Presbiteriana Mackenzie. Pesquisador do Diversitas – Núcleo de Estudos das Diversidades, Intolerâncias e Conflitos da FFLCH/USP, onde realizou pós-doutoramento. Atua no Ensino Superior na formação de professores.

Marisa Martins Sanchez
Licenciada em Letras pelas Faculdades São Judas Tadeu. Professora de Português em escolas públicas e particulares de São Paulo por 11 anos. Editora.

Samir Thomaz
Bacharel em Comunicação Social pela Faculdade Cásper Líbero. Autor de obras de ficção e não ficção para o público juvenil e adulto. Editor.

Jogo de apresentação das *7 atitudes para a vida*
Gustavo Barreto
Formado em Direito pela Pontifícia Universidade Católica (SP). Pós-graduado em Direito Civil pela mesma instituição. Autor dos jogos de tabuleiro (*boardgames*) para o público infantojuvenil: Aero, Tinco, Dark City e Curupaco.

Coordenação editorial: Ligia Aparecida Ricetto
Edição de texto: Ligia Aparecida Ricetto, Leonilda Pereira Simões
Gerência de *design* e produção gráfica: Everson de Paula
Coordenação de produção: Patricia Costa
Suporte administrativo editorial: Maria de Lourdes Rodrigues
Coordenação de *design* e projetos visuais: Marta Cerqueira Leite
Projeto gráfico: Daniel Messias, Daniela Sato, Mariza de Souza Porto
Capa: Mariza de Souza Porto e Daniela Sato
Ilustração de capa: Raul Aguiar
Coordenação de arte: Wilson Gazzoni Agostinho
Edição de arte: Renata Susana Rechberger
Editoração eletrônica: Grapho Editoração
Coordenação de revisão: Elaine C. del Nero
Revisão: Denise Almeida, Maria Izabel Bitencourt
Coordenação de pesquisa iconográfica: Luciano Baneza Gabarron
Pesquisa iconográfica: Carol Böck, Marcia Sato, Maria Marques
Coordenação de *bureau*: Rubens M. Rodrigues
Tratamento de imagens: Fernando Bertolo, Marina M. Buzzinaro, Luiz Carlos Costa, Joel Aparecido
Pré-impressão: Alexandre Petreca, Everton L. de Oliveira, Marcio H. Kamoto, Vitória Sousa
Coordenação de produção industrial: Wendell Monteiro
Impressão e acabamento: Ricargraf
Lote: 752394
Cod: 12113278

Dados Internacionais de Catalogação na Publicação (CIP)
(Câmara Brasileira do Livro, SP, Brasil)

Buriti plus arte / organizadora Editora Moderna ;
obra coletiva concebida, desenvolvida e produzida
pela Editora Moderna . — 1. ed. — São Paulo :
Moderna, 2018. (Projeto Buriti)

Obra em 5 v. para alunos do 1º ao 5º ano.

1. Arte (Ensino fundamental) I. Série.

18-16396   CDD-372.5

Índices para catálogo sistemático:
1. Arte : Ensino fundamental   372.5

Maria Alice Ferreira — Bibliotecária — CRB-8/7964

ISBN 978-85-16-11327-8 (LA)
ISBN 978-85-16-11328-5 (GR)

Reprodução proibida. Art. 184 do Código Penal e Lei 9.610 de 19 de fevereiro de 1998.
Todos os direitos reservados
EDITORA MODERNA LTDA.
Rua Padre Adelino, 758 – Belenzinho
São Paulo – SP – Brasil – CEP 03303-904
Vendas e Atendimento: Tel. (0_ _11) 2602-5510
Fax (0_ _11) 2790-1501
www.moderna.com.br
2022
Impresso no Brasil

1 3 5 7 9 10 8 6 4 2

Que tal começar o ano conhecendo seu livro?

Veja nas páginas 6 e 7 como ele está organizado.
Nas páginas 8 e 9, você fica sabendo os assuntos que vai estudar.

Neste ano, também vai conhecer e colocar em ação algumas atitudes que ajudarão você a conviver melhor com as pessoas e a solucionar problemas.

7 atitudes para a vida

Aproveite o que já sabe!
Use o que aprendeu até hoje para resolver uma questão.

Faça perguntas!
Não esconda suas dúvidas nem sua curiosidade. Pergunte sempre.

Tente outros caminhos!
Procure jeitos diferentes para resolver a questão.

Vá com calma!
Não tenha pressa. Pense bem antes de fazer alguma coisa.

Organize seus pensamentos antes de falar ou escrever!
Capriche na hora de explicar suas ideias.

Ouça as pessoas com respeito e atenção!
Reflita sobre o que está sendo dito.

Seja criativo!
Invente, use sua imaginação.

Nas páginas 4 e 5, há um jogo para você começar a praticar cada uma dessas atitudes. Divirta-se!

Cartão *pop-up*

Nas livrarias, encontramos livros e cartões *pop-ups*, que se distinguem dos demais porque têm ilustrações que "saltam" da página. Até parece mágica, mas não é!

Quer saber como se constrói um material assim? Então, vamos começar fazendo um cartão.

Preparando a parte interna do cartão

- Destaque a página 97.
- Em seguida, destaque o retângulo, que será a base do cartão.
- Dentro do retângulo, pressione com cuidado as linhas destacáveis para levantar apenas a alça, sem desprendê-la do papel.

ALÇA

DOBRA DA ALÇA

DOBRA DO CARTÃO

- Dobre a alça e o cartão nos locais indicados.

Preparando a rã

- Agora, pinte a rã como preferir e destaque-a com a fita. Faça dobras na fita, formando uma "sanfoninha". Ela é que dará movimento à rã. Cole a ponta da fita na alça do cartão.

4

Preparando a parte externa do cartão

- Agora que o *pop-up* está pronto, destaque o retângulo da página 99 e cole-o no verso do cartão. Ele será a capa.

- Feche o cartão e abra-o novamente. Gostou do modo como a rã aparece em 3-D?

Finalizando

- Com o cartão montado, que tal escrever uma mensagem de boa sorte e entregar a um colega da classe?

FIQUE ATENTO A ESTAS ATITUDES

Vá com calma!
Não tenha pressa em montar seu cartão. Preste bastante atenção às orientações.

Organize seus pensamentos!
Siga cada etapa na ordem em que é indicada.

Faça perguntas!
Se tiver dúvidas, pergunte ao professor.

Aproveite o que já sabe!
Lembre-se de que já aprendeu a manipular diferentes materiais.

Seja criativo!
Capriche na pintura da rã e na mensagem.

Ouça os colegas com respeito!
Ouça o que os colegas têm a dizer e veja se você pode ajudá-los!

Tente outros caminhos!
Se alguma dobra não der certo, tente de outro modo.

CONHEÇA SEU LIVRO

Veja como está organizado seu livro de Arte.

Abertura

Reproduções de pinturas, esculturas e fotografias para você observar, apreciar e conversar com os colegas.

Significado de palavras ligadas à arte e aos assuntos estudados.

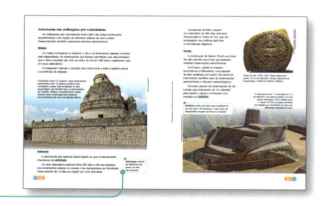

Mãos à obra

Hora de fazer atividades artísticas sozinho ou com os colegas.

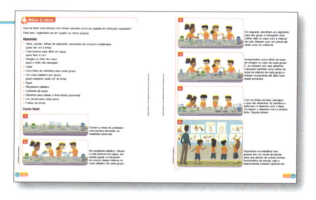

De olho na imagem

Nesta seção, você aprecia reproduções de obras de arte e conhece um pouco mais sobre elas.

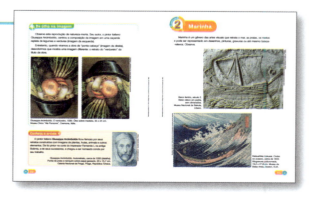

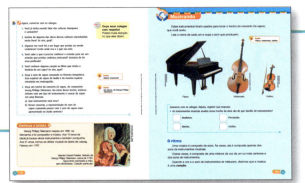

Musicando

Aqui você amplia seus conhecimentos sobre sons e música.

Conheça o artista

Você vai conhecer a biografia de alguns artistas.

Para fazer com os colegas

Você e seus colegas vão fazer atividades artísticas juntos.

Vamos ler

Indicação de livros para ampliar seus conhecimentos.

Ícones utilizados

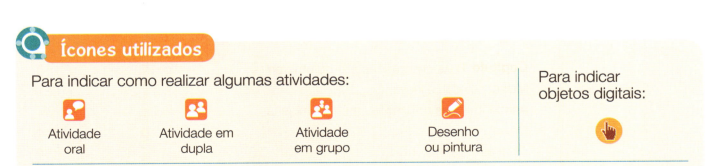

Para indicar como realizar algumas atividades:

- Atividade oral
- Atividade em dupla
- Atividade em grupo
- Desenho ou pintura

Para indicar objetos digitais:

Para indicar habilidades que você vai usar para se relacionar melhor com os outros e consigo mesmo:

7

SUMÁRIO

Unidade 1 — Arte e natureza 10

Capítulo 1: Natureza-morta 12
O uso das cores 15
Mãos à obra 16
Círculo cromático 17
Mãos à obra 18
Mãos à obra 20
De olho na imagem 22
Conheça o artista – Giuseppe Arcimboldo 22
Capítulo 2: Marinha 23
Mãos à obra 27
Procura-se um peixe 28
Música sobre peixes 29
• Musicando 30
Sons longos e sons curtos 31
Mãos à obra 33

Unidade 2 — Arte que vem da natureza 34

Capítulo 1: Escultura 36
Mãos à obra 41
Capítulo 2: Arte em defesa do meio ambiente 43
As obras tridimensionais de Frans Krajcberg 44
Conheça o artista – Frans Krajcberg 44
Mãos à obra 45
• Para fazer com os colegas 46

Unidade 3 — Arte pré-colombiana 48

Capítulo 1: As civilizações pré-colombianas 50
Maias, astecas e incas 51
Astronomia nas civilizações pré-colombianas 54
Maias 54
Astecas 54
Incas 55
Capítulo 2: Instrumentos musicais pré-colombianos 56
Mãos à obra 59

UNIDADE 4 — Arte pré-colonial — 62

Capítulo 1: Civilizações pré-coloniais 64
Parque Nacional Serra da Capivara 67
Tintas pré-coloniais 69
Mãos à obra 70
Capítulo 2: As civilizações pré-coloniais brasileiras 72
A cerâmica pré-colonial brasileira 73
A cerâmica marajoara 74
A cerâmica santarém 76
A magia dos sapos 77
Sapos na arte 77
Conheça o artista – Georg Philipp Telemann 78
• Musicando 79
O ritmo 79
Vamos testar? 80

UNIDADE 5 — Arte indígena brasileira — 82

Capítulo 1: Tradições culturais indígenas 84
Cerâmica 85
Trançados em palha 86
Arte plumária 87
Pintura corporal 87
Mãos à obra 90
Música e dança 91
Instrumentos musicais 92
• Para fazer com os colegas 93
Vamos ler 95

UNIDADE 1
Arte e natureza

Jean-Baptiste Debret. *Natureza-morta com frutas do Novo Mundo*, sem data. Óleo sobre tela, 76 x 113 cm. Museu Magnin, Dijon, França.

JEAN-BAPTISTE DEBRET – MUSEU MAGNIN, DIJON

Converse com os colegas.

1. Você já ouviu falar em "natureza-morta"?
2. O que significa a expressão "Novo Mundo" no título da tela?
3. Você conhece alguma das frutas representadas nessa imagem?

11

CAPÍTULO 1 — Natureza-morta

A tela reproduzida na abertura desta unidade pertence a um **gênero** das artes visuais chamado natureza-morta.

Objetos, como livros, instrumentos musicais, louças, garrafas, arranjos com flores, frutas, legumes e animais, são as imagens mais representadas nas naturezas-mortas.

A **composição** é um dos principais elementos de uma natureza-morta. Em *Natureza-morta com frutas do Novo Mundo*, o pintor francês Jean-Baptiste Debret distribuiu no espaço da tela as imagens das frutas considerando seus diferentes tamanhos e cores. O mesmo acontece nas obras reproduzidas nesta página e na seguinte.

Pieter Gerritsz van Roestraten. *Natureza-morta com instrumentos musicais*, cerca de 1670. Óleo sobre tela, 118,5 x 106 cm. Museu Municipal de Haia, Haia, Países Baixos.

Ambrosius Bosschaert, o Velho. *Natureza-morta com flores e insetos*, 1614. Óleo sobre cobre, 30,5 x 38,9 cm. Museu J. Paul Getty, Los Angeles, EUA.

> **Gênero:** cada uma das categorias em que são classificadas as obras de arte, segundo o estilo e a técnica; natureza-morta e retrato são dois exemplos de gênero.
>
> **Composição:** forma com a qual o artista organiza os elementos em uma obra de arte.

A natureza-morta não é representada apenas na pintura, como muitas pessoas pensam. Esse gênero também pode ser apreciado em fotografias e em esculturas, por exemplo.

Observe a reprodução de duas outras naturezas-mortas, uma produzida por meio de fotografia e outra em forma de escultura.

Alexander Sviridov. *A festa dos pássaros*, 2017. Fotografia, sem dimensões. Coleção particular.

Escultores austríacos. *Natureza-morta com peras*, sem data. Escultura em epóxi fundido e tinta. Altura: 3,20 m. Rotatória em Mostviertel, Áustria.

Converse com os colegas. Depois, registre suas respostas.

1. Você já havia visto imagens de natureza-morta como as apresentadas nas páginas anteriores? Se você já viu, conte como eram e se gostou.

_____
_____
_____
_____

2. O que um artista deve levar em conta ao criar uma natureza-morta? Explique sua resposta.

_____
_____
_____
_____

> **Organize seus pensamentos antes de falar ou escrever!** Capriche na hora de explicar suas ideias.

3. Se você fosse fazer uma natureza-morta, que elementos escolheria para sua composição? Faça um rascunho da sua obra.

O uso das cores

A tela do artista holandês Vincent van Gogh, reproduzida a seguir, retrata o quarto onde ele dormia.

Além de usar cores fortes, Van Gogh explorava outros recursos cromáticos.

Cromático: que tem relação com cor.

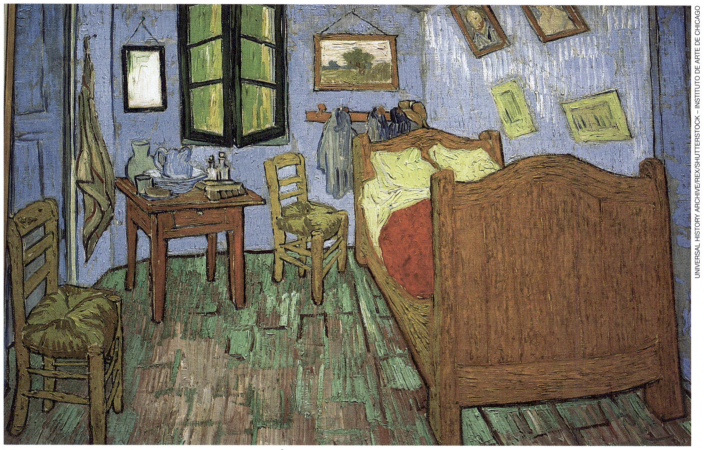

Vincent van Gogh. *Quarto em Arles*, 1888. Óleo sobre tela, 72 x 90 cm. Instituto de Arte de Chicago, EUA.

Para um artista conseguir criar os efeitos que deseja em suas obras, precisa conhecer as características das cores. Por exemplo, as cores amarela, vermelha e azul são chamadas de **primárias**, pois não necessitam de nenhuma outra cor para existir, nem podem ser criadas a partir da junção de outras cores.

Amarelo.

Vermelho.

Azul.

Já as cores laranja, verde e violeta são chamadas de **secundárias**, pois são feitas a partir da mistura de duas cores primárias, usando sempre a mesma quantidade de tinta de cada cor primária. Observe:

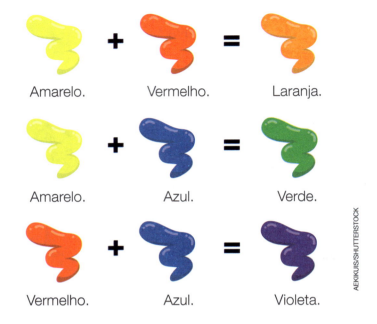

Amarelo. + Vermelho. = Laranja.

Amarelo. + Azul. = Verde.

Vermelho. + Azul. = Violeta.

Mãos à obra

Agora é sua vez de experimentar se a mistura de cores primárias, duas a duas, dá origem às cores indicadas acima. Para isso, siga o roteiro.

Materiais

- Folha de sulfite branca
- Água e copo plástico
- Régua
- Lápis
- Tinta guache nas cores amarela, azul e vermelha
- Pincel
- Papel absorvente

Como fazer

1. Com a régua e o lápis, divida a folha de sulfite em três partes iguais.
2. Coloque no meio de cada parte da folha de papel sulfite um pouco de uma das cores primárias.
3. Lave o pincel na água e seque no papel absorvente sempre que mudar de cor.
4. Agora, acrescente a mesma quantidade de tinta na ordem contrária: no amarelo, acrescente azul e misture; no vermelho, ponha amarelo e mexa; no azul, coloque vermelho.
5. Seu experimento resultou nas mesmas cores indicadas acima?

Círculo cromático

O círculo cromático surgiu das cores observadas no arco-íris. Um arco-íris é formado quando a luz do sol atravessa gotas de água que ficam soltas no ar logo depois de uma chuva.

A luz do sol é branca, mas é formada pela mistura de outras cores. Quando essa luz atravessa as gotas de água, as cores que formam a luz são separadas e surgem as cores do arco-íris: vermelho, laranja, amarelo, verde, azul, anil ou índigo e violeta.

Para efeito de estudo e para uso em pintura, essas cores, menos o anil, são representadas em um círculo cromático. Esse círculo pode ser composto de 12 cores: três primárias, três secundárias e seis **terciárias** – as cores terciárias são criadas pela mistura das cores primárias com as secundárias.

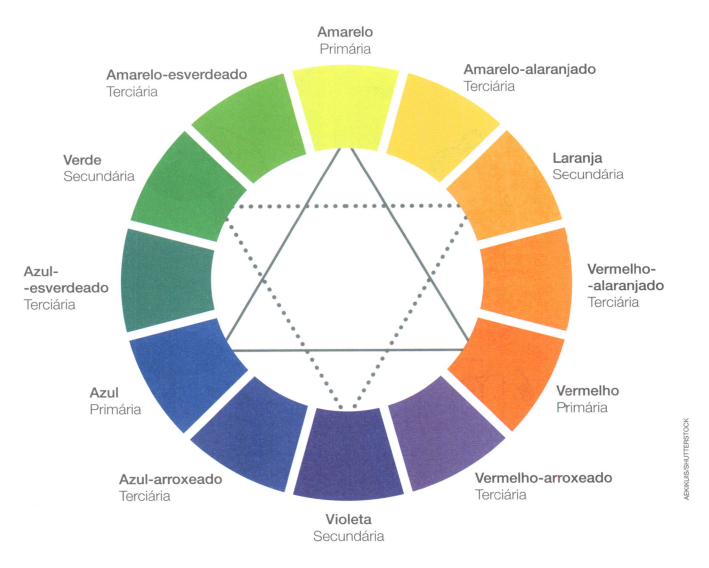

Observe que no círculo cromático cada cor secundária está entre as duas primárias usadas em sua composição. Dentro do círculo, os fios sólidos indicam as cores primárias, e os fios pontilhados apontam as cores secundárias.

Mãos à obra

Que tal testar se a luz do sol é formada pela mistura das cores vermelho, laranja, amarelo, verde, azul, anil e violeta?

Materiais

- Tesoura com pontas arredondadas
- Cópia em cores da imagem ao lado
- Pedaço de cartolina
- Cola em bastão
- Lápis preto

Como fazer

Recorte a cópia do disco. Cole o círculo sobre o pedaço de cartolina.

Recorte a cartolina e deixe secar a cola. Fure com a ponta do lápis o meio do círculo.

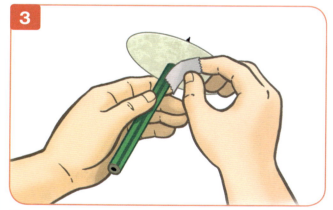

Passe parte do corpo do lápis pelo furo do círculo e prenda bem com fita adesiva a parte de baixo da cartolina.

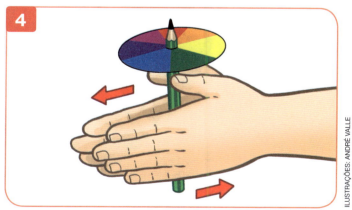

Ponha o lápis entre as mãos e gire-o bem rápido.

Quando você girou o lápis, o que aconteceu com as cores do círculo?

No círculo cromático, também podemos descobrir quais são as cores **complementares**, que são as que ficam de frente, em lado oposto, para cada cor primária.

Observe a seguir as duplas de cores complementares.

Amarelo e violeta.   Azul e laranja.   Vermelho e verde.

Quando colocadas juntas, as cores complementares chamam a atenção pelo contraste que há entre elas.

Sabendo disso, os artistas usam essas cores para atrair o olhar dos observadores de suas obras.

1. Observe novamente a reprodução da tela *Quarto em Arles*, de Van Gogh. Que cores o artista usou para pintar essa obra?

_____
_____
_____
_____
_____

2. O que você sente ao olhar para essa obra? No espaço a seguir, faça um desenho que represente a sensação que você teve.

3. Faça um desenho no espaço a seguir. Depois, pinte-o com giz de cera usando somente as cores complementares. Mostre seu desenho para os colegas apreciarem e aprecie o desenho deles.

Aproveite o que já sabe!
Use no seu desenho o que aprendeu sobre as cores complementares.

Mãos à obra

Agora, você vai produzir uma natureza-morta individualmente e, depois, uma em grupo. A primeira será uma pintura, e a segunda pode ser uma foto ou uma escultura, a escolha ficará por conta do grupo.

Para a atividade individual

Materiais

- Cartolina ou tela
- Pincel
- Água e copo plástico
- Tinta guache de cores variadas
- Folhas de jornal
- Papel absorvente

Como fazer

1. Forre sua carteira com as folhas de jornal.
2. Pense nas frutas que você mais gosta de comer ou nas flores que acha mais bonitas ou nos objetos que mais usa. Escolha um desses elementos como tema para sua natureza-morta.
3. Observe o espaço da cartolina ou da tela e imagine onde vai reproduzir os elementos que escolheu para pintar. Se quiser, use um lápis preto para marcar o local onde vai registrar cada imagem.
4. Use a tinta guache para a pintura.
5. Enxágue e seque o pincel sempre que for mudar de cor.
6. Lembre-se de pintar seu nome num canto da cartolina ou da tela.
7. Deixe seu trabalho secando com os dos colegas.

Para a atividade em grupo

Materiais

- Objetos escolhidos pelo grupo
- Se optarem por produzir uma foto, usem um celular para registrá-la
- Se escolherem fazer uma escultura, listem o que será necessário para produzi-la, como massinha de modelar, argila, papel, cola, entre outros

Como fazer

1. Decidam o tipo de obra que farão.
2. Tanto no caso de produzirem uma foto quanto uma escultura, depois que a obra estiver pronta, tirem fotos de vários ângulos para escolherem como vão apresentar a escultura para o público ou qual a fotografia que melhor captou a produção que fizeram.
3. No caso de escolherem a fotografia, façam diversas montagens com os objetos que planejaram fotografar até que decidam qual o melhor arranjo para eles.
4. Se optaram pela escultura, moldem ou esculpam os elementos que elegeram para construir a natureza-morta.
5. Elejam a melhor imagem da obra que produziram e imprimam-na.

De olho na imagem

Observe esta reprodução de natureza-morta. Seu autor, o pintor italiano Giuseppe Arcimboldo, centrou a composição da imagem em uma caçarola repleta de legumes e verduras (imagem da esquerda).

Entretanto, quando viramos a obra de "ponta-cabeça" (imagem da direita), descobrimos que mostra uma imagem diferente: o retrato do "verdureiro" do título da obra.

Giuseppe Arcimboldo. *O verdureiro*, 1590. Óleo sobre madeira, 35 x 24 cm. Museu Cívico "Ala Ponzone", Cremona, Itália.

Conheça o artista

O pintor italiano **Giuseppe Arcimboldo** ficou famoso por seus retratos construídos com imagens de plantas, frutas, animais e outros elementos. Ele foi pintor na corte do imperador Fernando I, na antiga Boêmia, e de seus sucessores, e chegou a ser nomeado conde por seu trabalho.

Giuseppe Arcimboldo. Autorretrato, cerca de 1593 (detalhe). Ponta de prata e nanquim sobre papel gessado, 23 x 15,7 cm. Galeria Nacional de Praga, Praga, República Tcheca.

Capítulo 2 — Marinha

Marinha é um gênero das artes visuais que retrata o mar, as praias, os navios e pode ser representado em desenhos, pinturas, gravuras ou até mesmo baixos-relevos. Observe.

Barco fenício, século 2. Baixo-relevo em pedra, sem dimensões. Museu Nacional de Beirute, Líbano.

Katsushika Hokusai. *Ondas no oceano*, cerca de 1833. Xilogravura policromada, 19,2 x 27,8 cm. Museu de Belas Artes, Boston, EUA.

Nas marinhas podem aparecer pessoas, mas o tema principal é o mar.

Joaquín Sorolla y Bastida. *Menina na praia*, 1910. Óleo sobre tela, 69 x 100 cm. Coleção particular.

Nesse gênero de pintura, os artistas trabalham a representação do céu e do mar usando várias tonalidades de uma cor. Observe os diferentes tons da cor azul usados nesta tela do pintor brasileiro Benedito Calixto.

Tonalidade: gradação de uma cor em tons claros e escuros.

Benedito Calixto. *Forte do Itapema e Outeirinho*, sem data. Óleo sobre tela, 40 x 60 cm. Pinacoteca Benedicto Calixto, Santos (SP).

24

Na tela a seguir, Tarsila do Amaral, também artista brasileira, usou cores secundárias, como o verde, terciárias, como o azul-arroxeado, e cores complementares, como o rosa, que é uma gradação do vermelho, para deixar mais harmoniosa sua representação de um porto.

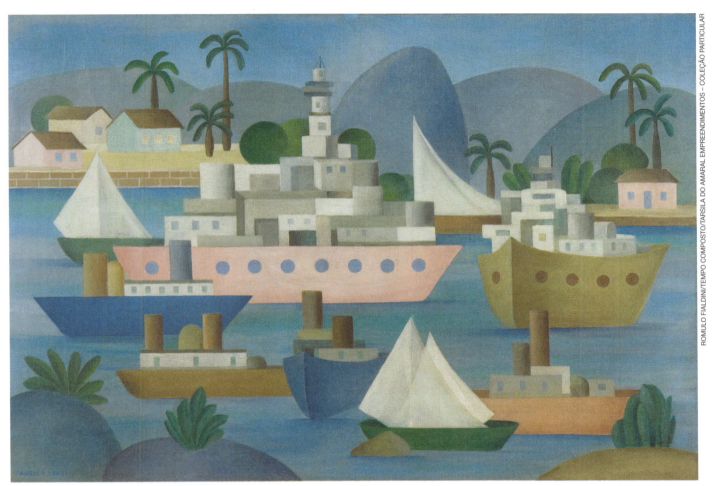

Tarsila do Amaral. *Porto I*, 1953.
Óleo sobre tela, 70 x 100 cm. Coleção particular.

Converse com os colegas. Depois, registre suas respostas.

1. Você já esteve em algum lugar parecido com os representados nas imagens da página anterior? Se esteve, onde ele fica?

_____
_____
_____
_____
_____

25

2. Observe a reprodução de uma marinha criada pelo pintor Vincent van Gogh.

Vincent van Gogh. *Barcos de pesca na praia de Saintes-Maries*, 1888.
Aquarela e nanquim sobre papel, 40,4 x 55,5 cm.
Museu Hermitage, São Petersburgo, Rússia.

a) Que cores predominam nessa obra?

_____

_____

b) Há cores secundárias? Quais?

_____

_____

c) Há cores complementares? Quais?

_____

_____

26

d) O que você sente ao observar essa imagem?

Mãos à obra

Você vai criar uma marinha. Para isso, siga o roteiro.

Materiais

- Tampa de caixa de sapatos
- Água
- Copo plástico
- Tinta guache de cores variadas
- Folhas de jornal
- Papel absorvente
- Pincel

Como fazer

1. Pesquise e escolha uma fotografia ou uma tela de paisagem marítima como inspiração. Caso você ou sua família tenha alguma fotografia com esse tema, você também pode utilizá-la.

2. Use a tampa da caixa de sapatos como suporte para sua pintura.

3. Observe o espaço que você tem e planeje quais elementos vai distribuir nele e quais cores vai usar. Lembre-se de que em uma marinha devem predominar as cores relativas ao mar.

4. Aos poucos, aplique as camadas de tinta guache para compor sua obra.

5. Lave e seque o pincel antes de mudar de cor.

6. Depois que sua obra estiver pronta e seca, escreva seu nome nela. Na parte de trás da pintura, escreva o título que escolheu para ela. Mostre sua obra aos colegas e aprecie a deles.

27

Procura-se um peixe

O mar sempre fascinou as pessoas, que o transformaram em tema de livros, pinturas, esculturas e, também, de filmes.

No filme *Procurando Nemo*, uma animação computadorizada, Nemo é um filhote de peixe-palhaço que é capturado e levado para um aquário. Então Marlin, pai de Nemo, parte em busca dele junto com Dory, um peixe fêmea.

> **Animação:** gênero cinematográfico que consiste na produção de imagens em movimento a partir de desenhos ou objetos filmados.

Na aventura de procurar por Nemo, Marlin e Dory se encontram com outras criaturas marinhas, como tubarões, águas-vivas, raias e até um bando de tartarugas.

 Agora, converse com os colegas.

1. Você já assistiu a esse filme?
2. Se já assistiu, qual é seu personagem favorito?
3. Além da pintura e do cinema, que outra arte poderia usar o oceano e seus habitantes como tema?

Música sobre peixes

O mar também já serviu de inspiração para muitos artistas, que pintaram obras mostrando o oceano e os seres que nele habitam.

Na tela reproduzida a seguir, o artista suíço Paul Klee usou gradações de cores e repetições de formas para dar a sensação de uma composição musical à sua tela. Observe a imagem.

Paul Klee. *Peixe dourado*, 1925. Óleo e aquarela sobre papelão, 49,6 x 69,2 cm. Galeria de Arte de Hamburgo, Hamburgo, Alemanha.

 Converse com os colegas, depois ouça uma peça musical.

1. Que recursos cromáticos Paul Klee empregou na tela *Peixe dourado*?
2. Algum elemento dessa tela lembra a imagem de ondas sonoras se propagando? Qual?
3. Ouça a peça intitulada "Aquário", do compositor Camille Saint-Saëns, que faz parte de *Carnaval dos animais*.

Áudio
Carnaval dos Animais, de Camille Saint Saëns, "Aquário"

Musicando

Estes instrumentos foram usados para tocar a peça "Aquário". Leia o nome deles e ouça o som que produzem.

Áudio
Celesta, flauta, violino, piano, carrilhão

Celesta.

Flauta.

Violino.

Piano.

Carrilhão.

Converse com os colegas.

1. Você já tinha ouvido o som de uma celesta? Será que ela é um instrumento de cordas?

2. O som de alguns desses instrumentos foram empregados pelo compositor para: dar ideia do som de ondas, dar a sensação de peixes nadando e representar o som de gotas de água caindo. Que instrumentos seriam esses?

30

Sons longos e sons curtos

O som tem **duração**. Duração é a medida de quanto tempo um som dura, isto é, de quanto ele é prolongado.

Isso permite classificá-lo como **curto** ou como **longo**. A duração dos sons é medida em segundos.

Vamos testar?

1. Ouça estes sons e voz e, no caderno, classifique-os de acordo com a legenda correspondente.

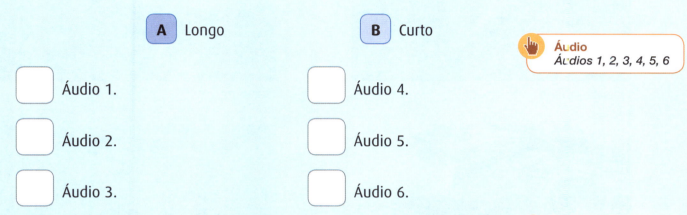

> Áudio
> Áudios 1, 2, 3, 4, 5, 6

2. Observe as imagens, leia suas legendas e ouça os sons referentes a elas.

> Áudio
> Som longo, som curto

Som longo

Som curto

31

Agora, ouça o som emitido pelos animais marinhos das fotos a seguir. Depois, classifique o som de cada um, desenhando — ou - no quadradinho ao lado de cada imagem.

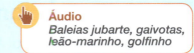
Áudio
Baleias jubarte, gaivotas, leão-marinho, golfinho

Baleias jubarte.

Gaivotas.

Leão-marinho.

Golfinho.

3. Os sons podem ser fortes ou fracos. Para indicar **som forte** usamos o sinal ●, e para indicar **som fraco**, o sinal •.

Os sons também podem ser graves ou agudos. O símbolo ● indica **som agudo**, e o símbolo •, **som grave**. O sinal N indica **silêncio**.

Em dupla com um colega, crie sons vocais para interpretar as indicações de cada quadrinho das atividades.

a) Os sons desta linha devem ser ● e —.

b) Os sons desta linha devem ser ● e -.

32

Mãos à obra

Sua tarefa agora será compor uma frase sonora. Para isso, junte-se a mais três colegas e sigam o roteiro.

Antes da atividade

1. Primeiro, decidam se vão compor a frase usando sons produzidos com a voz ou se vão empregar um instrumento de sopro.

2. Depois, escolham quem começa a atividade e quem participa em seguida. Atenção, pois essa sequência deve ser mantida até o final da atividade.

3. A sequência de sons deve levar em conta as seguintes instruções: a frase sonora deve ser composta de sons graves e longos intercalados com sons agudos e curtos.

Modo de fazer

1. Quem inicia a atividade deve produzir uma sequência de dois sons longos. Por exemplo, um grupo de quatro alunos escolheu produzir sons com a voz.

   Aquele que iniciou a atividade "cantou": "ôôôôô-ôôôôô!".

2. O próximo aluno repetiu a sequência feita pelo colega e acrescentou mais dois sons vocais: "ôôôôô-ôôôôô-**lá-lá**!".

3. O terceiro participante, então, repetiu as sequências produzidas anteriormente pelos colegas e acrescentou mais dois sons: "ôôôôô-ôôôôô-lá-lá-**tuuuuum-tuuuuum**!"

4. O último participante, então, produziu a seguinte sequência: "ôôôôô-ôôôôô-lá-lá-tuuuuum-tuuuuum-**pá-pá**!"

5. Depois que repetirem algumas vezes a sequência de sons que criaram, experimentem repeti-la de forma mais rápida e, depois, de forma mais lenta.

6. Qual delas ficou com som mais agradável? Usem essa sequência para mostrar aos colegas a criação de vocês.

UNIDADE 2
Arte que vem da natureza

Detalhe de escultura feita em pedra, sem dimensões. Angkor, Camboja.

Converse com os colegas.

1. Essa escultura foi feita em pedra. Em quais outros materiais você acha que um artista pode esculpir uma obra?

2. O que chamou mais sua atenção nessa escultura?

CAPÍTULO 1. Escultura

As imagens de obras de arte representadas sobre uma superfície plana, como os desenhos e as pinturas, são chamadas de **bidimensionais**, pois só têm altura e largura.

Mas há obras de arte que possuem volume e três dimensões: altura, largura e profundidade. Elas são chamadas de **tridimensionais**, como é o caso das esculturas. Observe abaixo a reprodução de uma escultura.

Victor Brecheret. Detalhe de *Monumento às bandeiras*, 1921-1954. Escultura em granito, cerca de 11 m de altura, 8,40 m de largura e 43,80 m de profundidade. Parque do Ibirapuera, São Paulo (SP).

Escultura é a arte de transformar materiais para representar o corpo humano, seres da natureza ou imagens abstratas.

Os materiais utilizados podem ser retirados da natureza, como pedra e metal, ou criados pelo ser humano, como plástico.

Da esquerda para a direita, foto de estátua em pedra-sabão feita por Antônio Francisco Lisboa, o Aleijadinho (MG); foto de estátua em bronze representando Zumbi dos Palmares, do escultor Pasquale De Chirico (BA); e foto de estátua em plástico da escultora francesa Niki de Saint Phalle, Canadá.

Em materiais duros, como pedra e madeira, os escultores entalham o que querem que fique em relevo. Nos materiais maleáveis, como argila, os artistas usam as mãos ou fôrmas para moldá-los. Observe as fotos ao lado.

Audiovisual
Arte com argila

Abstrato: estilo artístico em que objetos, animais e vegetais são representados em pinturas ou esculturas por meio de formas irreconhecíveis.

Entalhar: fazer, em madeira ou outro material, entalhe ou talho; esculpir.

37

Chamamos de relevo o que se destaca de uma superfície plana, formando uma parte mais elevada em relação a essa superfície.

Em materiais como madeira e pedra, o relevo pode ser produzido por meio de entalhes.

Entalhe: corte ou golpe com a parte mais afiada de qualquer objeto cortante.

Baixo-relevo: escultura feita sobre uma superfície em que se destaca menos da metade do seu volume real.

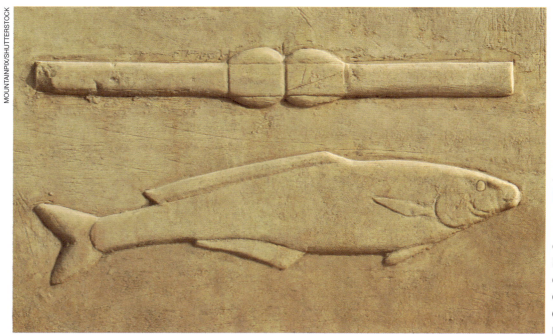

Exemplos de entalhes em esculturas em baixo-relevo. Acima, peixe entalhado em madeira e recoberto com folha de ouro; ao lado, peixe entalhado em pedra. Nesses exemplos, os peixes estão em relevo em relação à superfície.

O escultor precisa planejar com atenção os detalhes da obra.

Às vezes, ele faz desenhos do que quer esculpir e então passa esses desenhos para o suporte e começa a entalhar.

O escultor usa ferramentas específicas para cada tipo de material a ser trabalhado. Observe.

Escultor usando um disco de corte para transferir para uma pedra o desenho que ficará em relevo na escultura.

Escultor usando macete e cinzel para entalhar mármore.

Artista com esteca de metal usada para alisar argila.

- **Suporte:** material (papel, plástico, madeira, tecido, filme etc.) que serve de base física para registrar obras de arte impressas, manuscritas, pintadas, fotografadas, gravadas etc.
- **Macete:** martelo de madeira usado por escultores.
- **Cinzel:** instrumento que tem uma lâmina de metal resistente.

Escultura de madeira sendo finalizada com uma goiva.

Converse com os colegas. Depois, registre suas respostas.

1. Você gostaria de ser escultor? O que sabe sobre essa profissão?

_____
_____
_____

2. Que tipo de escultura chamou mais sua atenção? Por quê?

_____
_____
_____

 3. Desenhe no espaço abaixo uma imagem que gostaria de esculpir.

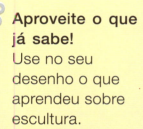

Aproveite o que já sabe!
Use no seu desenho o que aprendeu sobre escultura.

Mãos à obra

Você vai criar uma escultura. Decida o que vai fazer: uma escultura retratando um animal, uma pessoa, um objeto? Um trabalho em baixo-relevo mostrando algo da natureza, como uma folha? Para isso, siga o roteiro.

Materiais

- Uma barra de sabão de coco
- Água e copo plástico
- Pincel
- Colher plástica pequena
- Folha de papel colorido
- Fita adesiva
- Lápis
- Espátula plástica para patê
- Tampa de caneta esferográfica
- Folhas de jornal
- Papel absorvente
- Tesoura com pontas arredondadas
- Pedaço de esponja de lavar louças

Como fazer

Forre com as folhas de jornal o lugar onde vai trabalhar e prenda as folhas com a fita adesiva.

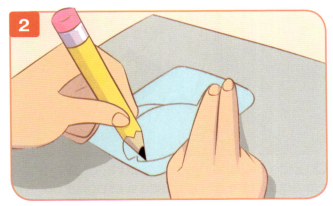

Coloque o sabão sobre a folha de sulfite e contorne-o com o lápis. Dentro desse contorno, faça o desenho do que vai esculpir e depois recorte-o.

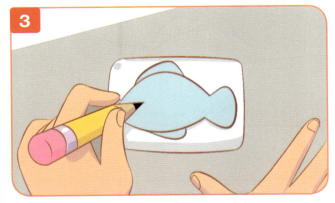

Coloque o desenho sobre o sabão, riscando seu contorno com o lápis.

Usando a colher e a espátula, vá raspando devagar o contorno da imagem.

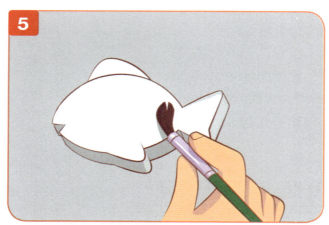

Se o processo de raspar o sabão causar rachaduras, molhe o pincel na água e esfregue de leve na parte rachada para consertar.

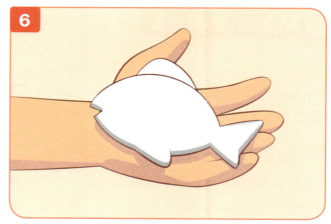

Quando já tiver dado a forma desejada para sua escultura, use a espátula para arredondar as áreas de contorno.

Quando terminar sua escultura, molhe-a em água corrente e passe a esponja de lavar louça com delicadeza para deixar a superfície lisa.

Enxugue suas mãos depois de usar água, pois, se elas ficarem úmidas, o sabão pode ficar escorregadio.

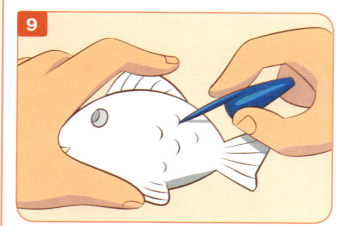

Esculpa os olhos e os detalhes usando a tampa da caneta e a ponta do lápis.

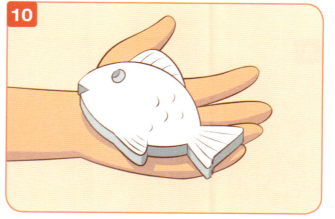

Seque a escultura com o papel absorvente. Ela está pronta!

CAPÍTULO 2 — Arte em defesa do meio ambiente

Frans Krajcberg foi um artista polonês que adotou o Brasil para viver. A obra dele representa as florestas brasileiras e reflete sua grande preocupação com o meio ambiente. Observe a reprodução de uma das obras dele.

Frans Krajcberg. Conjunto de esculturas, 1991. Pigmento natural sobre raízes, cipós e caules de palmeira, altura total: 3,10 m. Coleção do artista, Nova Viçosa, Bahia.

Em suas obras de arte, Krajcberg usava restos vegetais, que encontrava em caminhadas por florestas e praias, e o que sobrava de queimadas e desmatamentos, como raízes retorcidas e troncos queimados.

Ele fazia isso para denunciar a devastação do meio ambiente no Brasil, especialmente no Paraná e na Amazônia.

O conjunto de esculturas reproduzido na foto desta página foi criado com esse tipo de material.

As obras tridimensionais de Frans Krajcberg

Frans Krajcberg também denunciou a devastação do meio ambiente pela extração de minérios. Ele criou obras que propõem uma reflexão sobre questões ecológicas.

Observe ao lado a reprodução de uma dessas obras. Nela, o artista fez uma colagem com cristais de vários tamanhos, pesos e formas.

A combinação de superfícies bidimensional, que aqui é a tábua de suporte usada no quadro, e tridimensional, as pedras coladas nela, era uma característica das obras de Krajcberg.

Frans Krajcberg. Quadro-relevo, sem data. Cristais sobre madeira, 109 x 76 cm. Coleção do artista.

Converse com os colegas. Depois, registre sua resposta.

- Frans Krajcberg usava algumas de suas criações para denunciar a destruição do meio ambiente. Será que a arte é um bom meio para fazer denúncias desse tipo?

_____
_____
_____
_____

Conheça o artista

Frans Krajcberg nasceu na Polônia, em 1921. Ao perder toda a sua família na Segunda Guerra Mundial, mudou-se para a Alemanha, onde estudou em uma escola de belas-artes.

Em 1948, veio para o Brasil. Em 1951, participou da Primeira Bienal Internacional de São Paulo. Viveu em várias cidades brasileiras, entre elas São Paulo e Rio de Janeiro. Mas optou por morar em Nova Viçosa, na Bahia. Morreu em 2017.

44

Mãos à obra

Que tal criar um quadro-relevo como o que você acabou de apreciar?
Para isso, siga o roteiro.

Materiais

- Cola branca
- Galhos e folhas secas, pedrinhas ou outros elementos descartados pela natureza
- Tampa de caixa de *pizza*, tampa de caixa de sapatos ou pedaço de tábua fina

Como fazer

1 Recolha de seu quintal ou condomínio, ou mesmo nos vasos de plantas de sua casa, galhos e folhas secas, pedrinhas ou outros elementos descartados pela natureza e leve para a sala de aula.

2 Distribua os objetos coletados sobre a tampa ou a madeira, experimentando posições diferentes, até achar que eles formaram uma composição harmoniosa. Deixe como estão e execute a próxima etapa.

3 Sem mexer nos objetos, despeje bastante cola branca sobre eles.

4 Ponha seu quadro-relevo em um local plano e deixe-o secar por 3 dias. Depois disso ele estará pronto para ser exibido.

Para fazer com os colegas

Agora, vocês farão um *vernissage*, isto é, uma exposição das obras que criaram ao longo dos capítulos 1 e 2 deste livro.

Uma exposição pode apresentar pinturas, desenhos, fotografias, esculturas, instalações, trabalhos em vídeo, entre outros, ou um único gênero de arte. Obras artísticas podem ser expostas em espaços culturais dedicados à arte ou em locais como *shoppings*, câmaras municipais e espaços em empresas.

Vejam alguns dos procedimentos para desenvolver esta tarefa.

1. Primeiro, é necessário que definam com seu professor o local e a duração do evento. O título da exposição será "Arte e natureza" e deve aparecer em cartazes, folhetos e convites produzidos por vocês.

2. As exposições contam com equipes de profissionais que cuidam de cada etapa do desenvolvimento e da montagem. Então, depois de ler os tópicos a seguir, formem equipes para cuidar das etapas descritas.

    a) **Equipe de curadoria**: o curador é o profissional responsável pela concepção da exposição. Ele define as obras que serão expostas, como devem ser colocadas no espaço da exposição, escreve textos sobre elas e planeja atividades que podem acontecer durante a exposição, como palestras, oficinas de arte e exposição de documentários.

Alunos da Educação Infantil participam de oficina de desenho durante uma exposição de trabalhos de arte de alunos do Ensino Fundamental.

    b) **Equipe de pesquisa**: nos espaços culturais como museus e galerias de arte, há pessoas que pesquisam informações sobre o tema de cada exposição. Essa pesquisa serve para ajudar na escrita dos textos que irão para o catálogo sobre a exposição, os folhetos para divulgar o evento, os convites e até para a imprensa.

c) **Equipe educativa**: nas instituições como museus e pinacotecas, essa equipe realiza atividades que ajudam o público a entender o que está sendo exposto. Às vezes, auxilia a equipe de curadoria na organização das atividades que acontecem durante a exposição, como oficinas e palestras. Ela também pode oferecer monitoria aos visitantes.

> **Monitoria:** ajuda no ensino e na orientação.

d) **Equipe de produção**: em museus e outras instituições, essa equipe é responsável por realizar o que a curadoria planejou. Essas pessoas pesquisam preços e cuidam da compra de materiais para montar a exposição. Também podem fazer pedidos de empréstimo de obras de arte para completar o tema que está sendo trabalhado.

e) **Equipe de montagem**: essa equipe prepara o local da exposição, colocando mesas e suportes onde as obras serão expostas. Ela também organiza as obras de maneira que fiquem como os curadores orientaram. As pessoas dessa equipe podem tirar fotos das obras já instaladas para serem usadas no catálogo e nos folhetos. Todas as equipes podem se juntar para essa finalidade.

f) **Equipe de divulgação**: para que a exposição seja um sucesso, também é necessário elaborar os convites, os cartazes e ao menos um fôlder para a exposição. Para isso, alguns de vocês devem formar uma equipe de divulgação e providenciar esses materiais de acordo com o que for indicado pela curadoria.

Estudantes do Ensino Fundamental apreciam trabalhos de arte feitos por alunos do Ensino Médio.

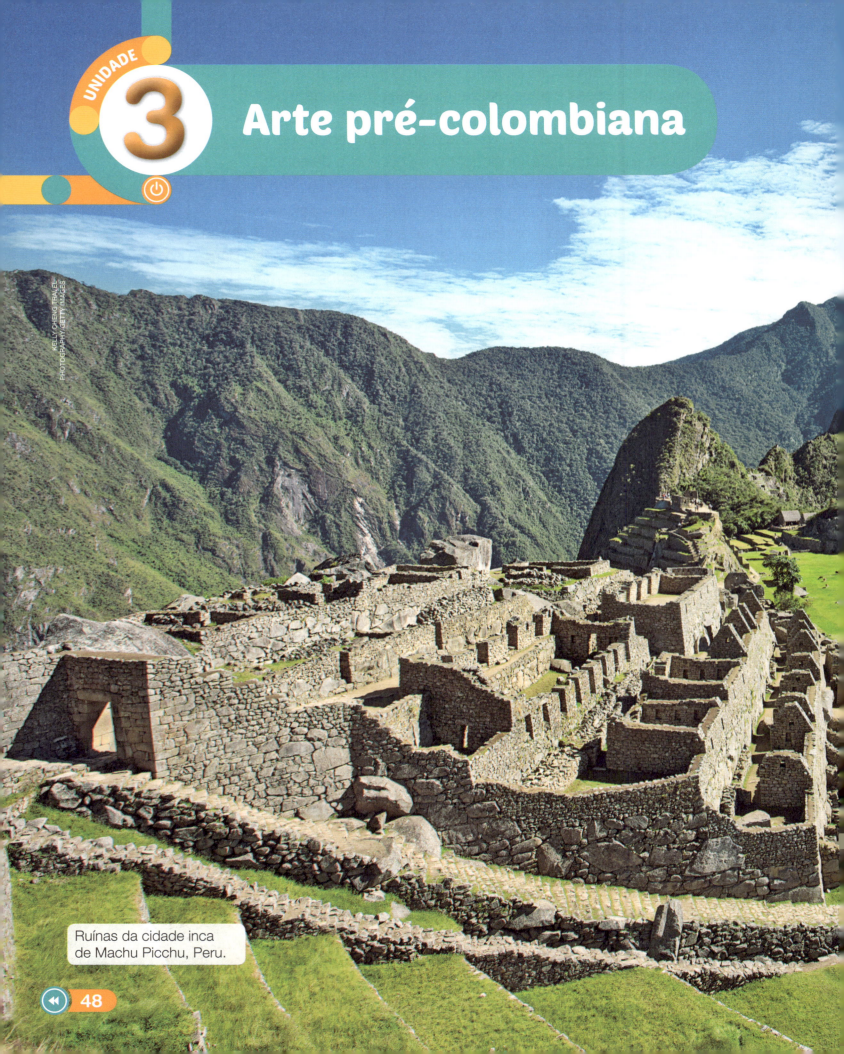

UNIDADE 3
Arte pré-colombiana

Ruínas da cidade inca de Machu Picchu, Peru.

Converse com os colegas.

1. O que essa imagem mostra?
2. Onde ficam essas ruínas da imagem?
3. Quem construiu essa cidade? Por que será que ela está em ruínas?

CAPÍTULO 1 — As civilizações pré-colombianas

Antes da chegada dos colonizadores europeus, o continente americano era habitado por civilizações com conhecimentos avançados. Elas desenvolveram sistemas matemáticos, possuíam formas de escrita, calendários de enorme precisão e construíram centros urbanos amplos, alguns maiores que cidades da Europa daquela época.

Essas civilizações foram chamadas de pré-colombianas porque já habitavam as Américas antes da chegada de Cristóvão Colombo, em 1492.

Elas viveram em diversas partes do continente americano, como nos lugares onde atualmente estão México, Honduras, Equador, Peru etc. Observe no mapa a localização desses países e depois leia sobre a cultura e arte de algumas dessas civilizações pré-colombianas.

Mapa político das Américas Central e do Sul – 2016

Fonte: Graça Maria Lemos Ferreira. *Moderno atlas geográfico*. 6. ed. São Paulo: Moderna, 2016. p. 31.

50

Maias, astecas e incas

A civilização maia se desenvolveu na região das florestas tropicais das atuais Guatemala, Honduras e península de Yucatán, no sul do México, entre 2500 a.C. e 1400 de nossa era.

Além de dominarem complexos sistemas matemático e de escrita, os maias eram capazes de realizar avançados cálculos astronômicos.

Eles foram também grandes construtores e artistas, ergueram pirâmides, templos e palácios e criaram pinturas murais.

Pintura mural: pintura, em geral de grandes proporções, realizada sobre muro ou parede.

Detalhe de pintura mural que mostra músicos maias tocando em representação teatral em um templo no sítio arqueológico Bonampak no atual estado de Chiapas, México.

Aproximadamente no ano 1400, a civilização maia estava quase extinta.

Foto de pirâmide conhecida como Edifício dos Cinco Andares, que foi construída pelos maias por volta de 400 a.C., onde atualmente é o estado de Campeche, México. A construção tem 31 metros de altura.

Os astecas, entre 1300 e 1600, formaram um império que ia da região onde hoje está a Guatemala até o México. A capital desse império, chamada Tenochtitlán, foi fundada em 1325 e possuía uma população de milhares de habitantes.

Eles construíram enormes pirâmides, que eram utilizadas, entre outras coisas, para cultos religiosos.

Os astecas desenvolveram conceitos matemáticos e de astronomia. Foram também excelentes artistas.

O império asteca começou a ser destruído com a invasão dos espanhóis em 1519. Após o domínio espanhol, no lugar de Tenochtitlán foi construída a Cidade do México.

Pote em formato de cão da raça Techichi, 300-900. Terracota, 11,5 cm de altura. Museu Real da Escócia, Edimburgo, Escócia.

Pendente de ouro, cerca de 1500. Ouro, 7 cm de altura. Museu Templo Maior, Cidade do México, México.

- **Terracota:** material produzido com argila cozida em forno.

Pirâmide do sítio arqueológico de Teopanzolco, no atual estado de Morelos, México. Ela foi erguida pelos astecas, entre 1312 e 1487. Tinha cerca de 30 metros de altura.

O império inca foi o maior da América pré-colombiana. Ele se desenvolveu na região onde hoje estão Peru, Colômbia, Equador, Bolívia, Chile e Argentina, entre os anos 3000 a.C. e 1500. A capital do império era a cidade de Cusco.

Os incas ergueram belas cidades, mesmo habitando regiões montanhosas onde a dificuldade para construir era grande. Um exemplo disso é a foto de abertura deste capítulo, em que são mostradas as ruínas de Machu Picchu.

Na arte, os incas destacaram-se por seus artefatos de ouro e prata, como esculturas de animais e de deuses.

Em 1533, espanhóis dominaram Cusco. Eles se apoderaram de todos os objetos de ouro e prata da cidade. A partir dessa época, o império inca começou a desaparecer.

Adereço de cabeça, 200-300. Ouro, 23 cm de altura. Coleção particular.

Parat (espécie de peitoral), 1430-1532. Tecido de lã de alpaca e placas de ouro, 46 cm de altura. Museu de Arte de Dallas, Dallas, EUA.

Artefato: objeto feito à mão ou industrialmente.

Detalhe do encaixe de pedras gigantescas em uma parede das ruínas da fortaleza inca Sacsayhuaman, em Cusco, Peru.

53

Astronomia nas civilizações pré-colombianas

As civilizações pré-colombianas foram além das belas construções arquitetônicas e da criação de refinados objetos de ouro e prata. Desenvolveram também avançados estudos astronômicos.

Maias

Os maias começaram a observar o céu e os fenômenos celestes movidos pela religiosidade. As observações que fizeram permitiram que descobrissem que a Terra completa seu ciclo ao redor do Sol em 365 dias e registraram isso em seus calendários.

Conseguiram calcular a duração dos ciclos lunar e solar e sabiam prever a ocorrência de eclipses.

Conhecido como "O caracol", esse observatório astronômico tem 13 metros de altura sem considerar a base. Está localizado no sítio arqueológico de Chichén Itzá, no atual estado de Yucatán, México. Os astrônomos maias usavam essa construção para observar os movimentos da Lua e do planeta Vênus.

Astecas

A astronomia dos astecas estava ligada ao que modernamente chamamos de astrologia.

Um dos calendários astecas tinha 260 dias e não era baseado nos movimentos solares ou lunares, mas representava as divindades. Cada período de 13 dias era regido por uma divindade.

Astrologia: estudo da influência dos astros na vida das pessoas.

Os astecas também usavam um calendário de 365 dias chamado Xiuhpohualli ou Pedra do Sol, que era empregado nas práticas agrícolas e nos festivais religiosos.

Incas

A construção de Machu Picchu em local tão alto permitiu aos incas que fizessem variadas observações astronômicas.

Em Cusco, capital do império, encontra-se a Intihuatana, uma espécie de altar entalhado em pedra. Ela servia de instrumento científico para as observações astronômicas e cálculos meteorológicos.

Os incas usavam as observações da Via Láctea, que chamavam de "rio celestial", para prever o clima e conheciam com precisão os solstícios.

Pedra do Sol, 1502-1520. Baixo-relevo em pedra, 3,5 m de diâmetro. Museu Nacional de Arqueologia, Cidade do México, México.

Solstício: cada uma das duas ocasiões do ano em que o Sol alcança o maior grau de afastamento angular da linha do Equador.

A Intihuatana tem 1 m de altura e 2 m de diâmetro. Na parte superior, há uma pedra retangular. Ela é voltada para o nascer do Sol e projeta sombras em relação ao movimento do Sol e às diferentes estações do ano.

CAPÍTULO 2
Instrumentos musicais pré-colombianos

Outra arte desenvolvida pelos maias, astecas e incas foi a música. Pelas pinturas e baixos-relevos que restaram, podemos observar os instrumentos musicais que essas civilizações usavam.

Alguns desses instrumentos foram encontrados e estudados. Desse modo foi possível saber os sons que produziam, mas até agora nenhuma notação musical foi encontrada para que as melodias pudessem ser reproduzidas.

> **Notação musical:** é a representação gráfica do tom, da duração dos sons, e das suspensões e pausas.

Nessa foto, vê-se um detalhe de pintura mural do ano 900, no sítio arqueológico de Bonampak, estado de Chiapas, México. A imagem mostra músicos maias tocando em uma procissão religiosa. O músico quase no centro da cena está tocando um tambor de terracota.

A música desempenhava um importante papel nos rituais, nas apresentações teatrais e nas cerimônias públicas.

Quando os reis ou nobres faziam aparições em cerimônias religiosas ou políticas, eram anunciados por um grupo de trombeteiros, por exemplo.

Os instrumentos musicais encontrados em sítios arqueológicos eram trombetas feitas de terracota ou de chifre de animais; maracás de cabaça; tambores de cerâmica, de madeira e couro de animais; flautas, ocarinas e flautas-apito de chifre, de casco de tartaruga e de cerâmica.

Os instrumentos mostrados nas imagens a seguir foram feitos de terracota, que é a argila moldada e às vezes colorida com alguns minerais ou sumo de plantas e, depois, queimada em alta temperatura para se tornar mais resistente.

Sumo: suco, caldo.

Flauta-apito do império maia. Tem formato de pássaro e fica em pé apoiada nas pernas e na cauda. O bocal localiza-se na cauda. O som sai pelo buraco na frente do peito do pássaro.

Flauta-apito, 700-900. Terracota, 21,6 cm de altura. Museu Metropolitano de Nova York, Nova York, EUA.

Flauta-apito do império inca. Tem formato de sapo e o bocal está sobre a cabeça do animal. Possui duas saídas de som: uma na boca e outra na barriga do sapo.

Flauta-apito, 900-1521(?). Terracota, 9,5 cm de altura. Museu Metropolitano de Nova York, Nova York, EUA.

Flauta-pote do império asteca. Tem cabeça humana, e o bocal localiza-se no cabo. O som sai pelo buraco atrás da cabeça.

Flauta-pote, 1300-1500. Terracota, 26 cm de altura. Museu Metropolitano de Nova York, Nova York, EUA.

Converse com os colegas sobre as questões propostas. Depois, registre suas respostas.

1. Você já tinha ouvido falar dos maias, astecas e incas? O que chamou mais sua atenção nas imagens sobre eles reproduzidas neste livro?

_____
_____
_____
_____

2. Ouça o som de um instrumento de sopro da civilização maia, feito em terracota, e tocado por um músico atual.

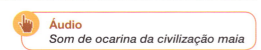

Áudio
Som de ocarina da civilização maia

3. Se você fosse um *luthier* e tivesse de fazer uma flauta-apito parecida com as reproduções que viu na página anterior, em que formato faria? Desenhe.

Seja criativo!
Invente um novo formato de flauta-apito.

Luthier: pessoa especializada na construção e no reparo de instrumentos musicais.

Mãos à obra

Com argila, é possível fazer esculturas em inúmeros formatos.
Nesta atividade, propomos que você faça uma escultura sonora.

Materiais

- Bloco de argila
- Folhas de jornal
- Palito de sorvete cortado ao meio
- Vasilha para colocar a argila
- Recipiente plástico com água
- Pincel
- Fita adesiva

Como fazer

1

Com as folhas de jornal, forre a superfície onde vai trabalhar. Se necessário, prenda as folhas com fita adesiva.

2

Pegue um pouco de argila. Faça uma bola e amasse-a na palma da mão, fazendo ficar do tamanho da sua mão em formato de concha, como indicado na imagem.

3

Pincele um pouco de água nas bordas e junte delicadamente as beiradas, tomando cuidado para deixar o meio oco. Esse é o corpo de seu instrumento musical.

4

Agora, pegue outro pedaço de argila e molde até ficar parecido com a imagem. Ele deve ser quase retangular e um pouco mais largo que o palito de sorvete. Essa peça será o bocal do instrumento.

5

Com o pincel, passe água na extremidade mais elevada do seu instrumento e fixe o bocal conforme indicado.

6

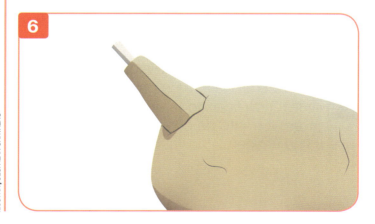

Introduza no bocal, no sentido de seu comprimento, meio palito de sorvete. O palito deve atravessar o instrumento na diagonal, chegando ao meio do corpo do instrumento.

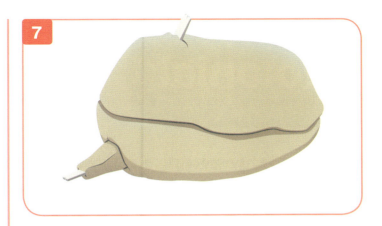

7 Introduza a outra metade do palito diagonalmente no corpo do instrumento, conforme mostrado na imagem. Mexa um pouco o palito para garantir que o espaço dentro da escultura fique vazio. É nesse espaço que o som vai ser produzido.

8 Tire os palitos e sopre no bocal com cuidado. Mesmo úmido, o instrumento deve produzir um som. Se não produzir, reveja os passos da feitura de seu instrumento.

9 Se quiser dar um formato especial ao seu instrumento, acrescente os detalhes antes de retirar os palitos e testar o som. Depois que tiver terminado, deixe secar por alguns dias sem mexer nele.

10 Agora seu instrumento está pronto e pode ser manuseado à vontade. Aproveite para tocá-lo!

UNIDADE 4
Arte pré-colonial

Detalhe de petróglifos da Pedra do Ingá, localizada no sítio arqueológico de Itacoatiara, no município de Ingá, estado da Paraíba. Esse monumento tem 50 metros de comprimento por até 3,8 metros de altura.

Converse com os colegas.

1. Você já ouviu falar de sítios arqueológicos?
2. Você identifica o que são os desenhos esculpidos (petróglifos) na pedra mostrada na foto?
3. Na sua opinião, por que pessoas de civilizações antigas faziam esses desenhos?

63

Civilizações pré-coloniais

O Brasil foi habitado por várias civilizações antes da chegada dos colonizadores europeus. Por isso, elas são chamadas de civilizações pré-coloniais.

As civilizações pré-coloniais pintavam ou entalhavam em pedras o que viam, o que existia ao redor delas e as coisas que faziam. A palavra rupestre refere-se a essas pedras. Observe.

Ao lado, reprodução de pintura rupestre que retrata cena de dança. Parque Nacional Serra da Capivara, em São Raimundo Nonato (PI). Abaixo, detalhe de petróglifos localizados em Airão Velho, na margem direita do Rio Negro (AM). Na baixa do rio, de maio a novembro, as imagens ficam expostas e podem ser observadas. Nelas há registros de seres humanos e formas geométricas.

Os arqueólogos trabalham para tentar descobrir como eram o lugar onde as pessoas dessas civilizações viviam e o modo de vida delas.

Muitas descobertas foram feitas graças às pinturas e aos baixos-relevos rupestres encontrados nesses sítios arqueológicos.

Arqueólogo: profissional que estuda a história e a cultura de povos antigos por meio de vestígios encontrados.
Lapa: gruta.

Esta foto mostra o trabalho de arqueólogos na caverna Lapa do Santo, em Minas Gerais. Nessa caverna, há vestígios como cinzas de fogueiras, instrumentos de pedra, pinturas rupestres etc. Todos esses achados datam de cerca de 11 mil anos.

Por exemplo, nos registros rupestres encontramos cenas que mostram o dia a dia dessas civilizações, como a caça, a guerra e os rituais, há milhares de anos. Observe.

Pintura rupestre que retrata cena de guerra. Parque Nacional Serra da Capivara, em São Raimundo Nonato (PI).

Detalhe de cena de caça com pessoas perseguindo um tatu, uma ema e uma capivara. Parque Nacional Serra da Capivara, em São Raimundo Nonato (PI).

Parque Nacional Serra da Capivara

O Parque Nacional Serra da Capivara, em São Raimundo Nonato, Piauí, foi criado em 1979 para preservar um dos mais importantes patrimônios rupestres do Brasil.

A arqueóloga Nièdo Guidon foi uma das pessoas responsáveis pela criação desse parque. Ela dedicou os últimos 40 anos de sua vida à preservação e ao estudo dos achados nos sítios arqueológicos do parque.

Em 1986, no Parque Nacional Serra da Capivara, foi criada a Fundação Museu do Homem Americano (Fumdham) para auxiliar nos trabalhos arqueológicos.

A arqueóloga Nièdo Guidon.

Audiovisual *Serra da Capivara*

Interior do Museu do Homem Americano.

A Fumdham tem uma escola onde os alunos são preparados para trabalhar nas diversas atividades ligadas à visitação dos sítios arqueológicos e também na produção de cerâmica artesanal, que faz parte da cultura piauiense.

Patrimônio: herança cultural.

Na escola de cerâmica da Fumdham, os ex-alunos ensinam o ofício de ceramista aos novos alunos.

O trabalho como guia do parque é uma das principais fontes de renda da população local e uma forma de preservar os sítios arqueológicos da região.

O parque está aberto à visitação e é protegido pela Unesco como patrimônio mundial.

Unesco: Organização das Nações Unidas para a Educação, a Ciência e a Cultura.

Visitação noturna no Parque Nacional da Serra da Capivara.

Agora, converse com os colegas. Depois, registre suas respostas.

1. Você já tinha ouvido falar no trabalho de arqueólogos? O que mais chamou sua atenção no trabalho desses profissionais?

2. Para você, qual é a importância desse trabalho e dos achados nos sítios?

3. Você gostaria de trabalhar em uma dessas profissões? Se sim, explique por quê.

Organize seus pensamentos antes de escrever.
Capriche na hora de explicar suas ideias.

Tintas pré-coloniais

Na época em que o ser humano produzia pinturas rupestres não existiam tintas prontas. Elas eram produzidas com ossos queimados, carvão, sumo de plantas, minerais coloridos, moídos até serem transformados em pó, sangue e gordura de animais.

Os pincéis eram feitos de pelos e penas. Muitas vezes, até os dedos e a mão inteira eram usados como pincel.

As pinturas rupestres cujas imagens são reproduzidas nesta página foram criadas dessa maneira.

Pintura rupestre no Parque Nacional de Sete Cidades, Piracuruca (PI).

Pintura rupestre na Lapa do Caboclo, Parque Nacional Cavernas do Peruaçu, Januária (MG).

Pintura rupestre na Gruta da Pedra Pintada, Parque Estadual de Monte Alegre (PA).

Mãos à obra

Que tal fazer uma pintura com tintas naturais como as usadas em pinturas rupestres?
Para isso, organizem-se em quatro ou cinco grupos.

Materiais

- Terra, carvão, folhas de espinafre, sementes de urucum e beterraba (para dar cor à tinta)
- Cola branca para diluir em água (para fixar a cor)
- Vinagre ou óleo de cravo (para a tinta não estragar)
- Lápis
- Uma folha de cartolina para cada grupo
- Um copo plástico por grupo (para preparar cada cor de tinta)
- Água
- Recipiente plástico
- Colheres de sopa
- Glicerina para deixar a tinta fluida (opcional)
- Um pincel para cada aluno
- Folhas de jornal

Como fazer

1. Forrem a mesa do professor com jornal e arrumem os materiais sobre ela.

2. No recipiente plástico, diluam a cola branca com água, em partes iguais, e coloquem um pouco dessa mistura no copo plástico de cada grupo.

Em seguida, escolham um pigmento para seu grupo e coloquem uma colher dele no copo com a mistura de cola. Mexam com um pincel até obter uma cor uniforme.

Acrescentem uma colher de sopa de vinagre no copo de cada grupo. E, se optaram por usar glicerina, coloquem também uma colher de sopa na mistura de cada grupo e mexam novamente até diluir bem esses produtos.

Com as tintas prontas, planejem o que vão desenhar na cartolina e esbocem o desenho com o lápis. Ou façam o desenho com a própria tinta. Depois pintem.

Exponham os trabalhos dos grupos em um mural da escola para que alunos de outras turmas, funcionários da escola, pais e responsáveis possam apreciá-los.

CAPÍTULO 2 — As civilizações pré-coloniais brasileiras

Os arqueólogos dividem essas antigas civilizações que habitaram o nosso país em três grupos, de acordo com o local onde viviam, os hábitos que tinham e os artefatos que produziam. Esses grupos foram chamados pelos europeus de "índios".

Os **povos caçadores-coletores** habitavam áreas do Nordeste ao Sul, aproximadamente entre 60 e 2,5 mil anos atrás. Boa parte deles vivia em cavernas ou florestas. Esses povos criaram a arte rupestre.

Os **povos do litoral** habitaram a costa do Brasil, desde onde atualmente está o estado do Espírito Santo até o atual estado do Rio Grande do Sul, há 6 mil anos. Além de outros alimentos, eles comiam moluscos que coletavam. As conchas desses animais e objetos que não usavam mais eram empilhados em montes enormes, chamados de **sambaquis**. A palavra sambaqui, de origem indígena, significa "amontoado de conchas".

Zoólito em forma de peixe, sem data. Pedra, 19 cm de altura x 26 cm de comprimento. Sambaqui do Rio Grande do Sul. Museu Nacional, Rio de Janeiro (RJ).

> **Zoólito:** nome dado a diferentes tipos de artefatos de pedra produzidos para cortar, raspar, moer alimentos.

Sambaqui em Laguna, Santa Catarina.

Entre 3500 a.C. e 1500, os **povos agricultores** ocuparam várias regiões do país e construíram cabanas para morar. Eles produziam cerâmica e corantes naturais, sabiam usar ervas medicinais.

A cerâmica pré-colonial brasileira

A arte da cerâmica faz parte da cultura dos povos desde a Antiguidade.

Cerâmica é a arte e a técnica da fabricação de objetos que têm a argila como matéria-prima. Esses objetos podem ser de uso comum, como potes para água e pratos, ou podem ser objetos artísticos.

A argila é um material fácil de ser moldado e que endurece com o calor.

A cor, porosidade e dureza de uma peça podem mudar de acordo com os elementos minerais que a argila tiver.

Porosidade: quantidade de pequenos furos existentes em uma superfície.

Esses elementos também determinam a temperatura na qual a peça pode ser cozida para não sofrer rachaduras. E, dependendo da variação da temperatura, as cerâmicas podem ter consistência e aparência diferentes. Observe as imagens a seguir.

1. À temperatura de 800 a 1.100 °C produz-se a terracota, uma cerâmica porosa, dura ao tato, mas que quebra com facilidade.
2. Entre 1.100 e 1.300 °C são produzidas peças de cerâmica quase sem porosidade, duras, lisas e que têm maior durabilidade que a terracota.
3. À temperatura de 1.300 a 1.500 °C são produzidas cerâmicas ainda mais duras; a superfície delas pode ficar vitrificada, pois a areia que compõe a argila se transforma em vidro.

A cerâmica marajoara

Os povos agricultores do Brasil produziram artefatos de cerâmica de grande beleza.

Uma das cerâmicas mais conhecidas foi a produzida pelos marajoaras durante o período de 400 a 1400, na ilha de Marajó, que fica na foz do rio Amazonas, no estado do Pará.

Os marajoaras produziam vasilhas, potes, apitos, chocalhos, tangas, urnas funerárias, além de outras peças.

Tanga marajoara, 400-1350. Cerâmica colorida com caulim e pintura em pigmento natural vermelho, 15 cm de altura. Coleção particular.

Urna funerária marajoara, 1000-1250. Cerâmica, 90 cm de altura. Museu de História Natural de Nova York, Nova York, EUA.

Os marajoaras tingiam as peças, ainda úmidas, aplicando uma mistura de argila diluída em água e pigmentos. Por exemplo, para colorir a peça de vermelho, usavam urucum moído.

A técnica de tingimento de peças de argila crua é chamada de engobe. Ela ainda é utilizada, mas são usados pigmentos industrializados no processo. Na foto, artesãos aplicam engobe marrom em um vaso de argila recém--moldado em torno.

Depois de tingir as peças, os marajoaras as coziam. Faziam um buraco no chão e dentro colocavam pedaços de madeira e folhas secas envolvendo as peças de argila que já haviam sido secas ao sol e colocavam fogo.

A queima de cerâmica em fogueiras é usada ainda hoje. Na foto, vemos artesãos do Vietnã queimando cerâmica em palha de arroz e madeira.

Para manter a tradição da cerâmica da cultura marajoara, em Marajó há ateliês de cerâmica onde são reproduzidas peças copiadas das originais.

Nesses ateliês, as peças são modeladas manualmente usando a antiga técnica de roletes de argila dos povos pré-coloniais. Observe.

O artesão prepara roletes de argila e vai montando com eles a peça que pretende fazer.

Depois de montar a peça, com o auxílio de uma ferramenta improvisada e água, o artesão alisa a peça para tirar as marcas de junção dos roletes por dentro e por fora.

75

A cerâmica santarém

Outra cerâmica pré-colonial muito famosa foi produzida pelos santaréns, que viveram ao longo do rio Tapajós, onde hoje existe a cidade de Santarém, no estado do Pará, a partir do ano 400.

Muitos museus e colecionadores têm peças fabricadas por eles em suas coleções artísticas.

Vaso antropomorfo dos santaréns, 1000-1400. Cerâmica, 34 cm de altura. Acervo do Museu Nacional, Rio de Janeiro (RJ).

Os santaréns produziam cerâmica com argila e cauxi, esponja de rio que era triturada e misturada na argila para dar durabilidade e leveza às peças.

O cauxi é um animal chamado de esponja, que forma colônias nas raízes e galhos de plantas que ficam submersos durante as cheias dos rios.

Os colonizadores que chegaram à região de Santarém em 1542 chamaram os santaréns de tapajós e, assim, a cerâmica dessa civilização também passou a ser chamada de tapajônica. A luta contra os portugueses pela posse das terras fez os santaréns desaparecerem.

Antropomorfo: que apresenta forma humana.
Zoomorfo: que apresenta forma de animal.

Vaso zoomorfo de duplo gargalo dos santaréns, 1000-1400. Cerâmica, 13,5 cm de altura. Museu Paraense Emílio Goeldi, Pará.

76

A magia dos sapos

O muiraquitã é um artefato da cultura dos santaréns mundialmente conhecido e admirado. É uma pequena escultura em forma de sapo feita em pedra.

Conta a lenda que os muiraquitãs eram produzidos pelas icamiabas, guerreiras indígenas do Amazonas.

Segundo a crença, esses objetos eram amuletos que protegiam dos perigos as pessoas que os usavam.

Artefato: objeto que restou de determinado período histórico.

Muiraquitã dos santaréns, 1000-1400. Jadeíte, 3,4 cm de altura. Museu Nacional, Rio de Janeiro (RJ).

Sapos na arte

Sapos são retratados em pinturas e esculturas e aparecem como personagens em contos de fadas, cantigas infantis, desenhos animados, cinema.

O grafite reproduzido abaixo faz parte do projeto Paredes de Viena, que oferece áreas para jovens grafiteiros mostrarem seu talento. Nesse grafite, o artista representou um sapo da Amazônia que é da mesma espécie reproduzida nos muiraquitãs.

Mantcka. Projeto Paredes de Viena. Detalhe de *Sapo entre latas de tinta*, 2013. Muro de tijolos e tinta *spray*, 6 m de altura x 10 m de comprimento. Viena, Suíça.

77

Agora, converse com os colegas.

1. Você já tinha ouvido falar das culturas marajoara e santarém?

2. Gostou de alguma das obras dessas culturas reproduzidas neste livro? Se sim, qual?

3. Alguma vez você foi a um lugar que produz ou vende cerâmicas? Conte onde era e o que viu nele.

4. Você sabe o que é preciso conhecer e estudar para ser um artesão que produz cerâmica artesanal? Gostaria de ter essa profissão?

5. Você conhece alguma canção ou filme que tenha a história de um sapo? Se sim, qual?

6. Ouça o som de sapos coaxando na floresta Amazônica. Essa espécie de sapos do áudio é da mesma espécie retratada nos muiraquitãs.

Áudio
Sapos coaxando

7. Ouça um trecho do concerto *Os sapos*, do compositor Georg Philipp Telemann. No início desse trecho, músicos imitam com um tipo de instrumento o coaxar de sapos em uma floresta.

Áudio
Os sapos, de Georg Philipp Telemann

a) Que instrumento será esse?

b) Nesse concerto, a representação do som de sapos coaxando parece com o som de sapos reais apresentado no áudio anterior?

Ouça seus colegas com respeito!
Preste muita atenção no que eles dizem.

Conheça o artista

Georg Philipp Telemann nasceu em 1681 na Alemanha e foi compositor e músico. Aos 10 anos de idade já tocava vários instrumentos e também compunha. Aos 21 anos, tornou-se diretor musical da ópera de Leipzig. Faleceu em 1767.

Valentin Daniel Preisler. *Retrato de Georg Philipp Telemann*, cerca de 1750. Água-tinta colorizada a mão, sem dimensões. Coleção particular.

Musicando

Estes instrumentos foram usados para tocar o trecho do concerto *Os sapos*, que você ouviu.

Leia o nome de cada um e ouça o som que produzem.

Áudio
Piano, violoncelo, violino

Piano.   Violoncelo.   Violino.

Converse com os colegas. Depois, registre sua resposta.

• Os instrumentos musicais usados nesse trecho da obra são de que família de instrumentos?

☐ Madeiras.   ☐ Percussão.

☐ Metais.   ☐ Cordas.

O ritmo

Uma música é composta de sons. Às vezes, ela é composta apenas dos sons de instrumentos musicais.

Outras vezes, é composta de uma mistura da voz de um ou mais cantores e dos sons de instrumentos.

Quando a voz e o som de instrumentos se misturam, dizemos que a música é uma **canção**.

79

O ritmo permite, por exemplo, que acompanhemos uma música com palmas.

Qualquer instrumento musical pode marcar o ritmo de uma música.

Vamos testar?

- Formem 6 grupos e acompanhem a leitura que o professor fará do texto a seguir. Cada grupo ficará encarregado de produzir um dos sons. Quando o texto determinar um som, vocês devem fazer o que está indicado na legenda, durante toda a leitura do trecho referente a esse som.

Legenda de sons

Som 1: bater palmas sempre no mesmo ritmo, mas de forma rápida.

Som 2: bater palmas em ritmo mais lento que o *som 1*.

Som 3: bater palmas em ritmo animado e forte.

Som 4: bater palmas em ritmo bem lento.

Som 5: bater palmas sem ritmo, de forma que o som soe estranho.

Som 6: bater palmas ora em ritmo acelerado, ora em ritmo lento.

Som 1 – No alto de uma montanha, muito, muito tempo atrás, viveu um grande sábio que mantinha o ritmo do mundo com o som de seus maracás. O som era reproduzido pelas enormes montanhas da cordilheira e ouvido em todos os cantos da Terra. Dia e noite, o grande sábio mantinha o ritmo do planeta.

Som 2 – Havia dias em que o ritmo era tranquilo, como nos dias em que os agricultores trabalhavam em seus campos plantando sementes.

Som 3 – Outros dias eram de descanso e festejo. As pessoas dançavam e comemoravam a boa colheita. Esses eram dias de ritmo animado.

Som 4 – Mas havia também os dias em que coisas tristes aconteciam, e o som dos maracás se tornava lento.

> **Maracá:** chocalho indígena feito com cabaça seca e limpa, pedrinhas ou sementes.
> **Cordilheira:** conjunto de montanhas altas.

Silêncio – O tempo passou e, certo dia, o grande sábio ficou cansado. Ele parou de tocar os maracás, deixando o mundo sem ritmo.

Som 5 – Então começaram a acontecer coisas que nunca tinham acontecido quando o grande sábio tocava seus maracás. As canções não soavam como antes porque ninguém sabia o ritmo para cantá-las.

Som 6 – Os barqueiros remavam às vezes muito rápido, às vezes muito devagar. Ninguém podia dançar porque era muito difícil encontrar o ritmo. Todos ficaram bem chateados, pois às vezes andavam muito rápido e, em seguida, muito devagar...

Silêncio – O sábio das montanhas observou o que acontecia e foi explicar para as pessoas o que elas tinham de fazer. Ele disse: "Vocês não precisam do som dos meus maracás para saber o ritmo das coisas. O ritmo está dentro de cada um de vocês, como a batida do coração. Se procurarem o ritmo das coisas com atenção, nunca mais o perderão".

Texto escrito especialmente para esta edição, 2017.

UNIDADE 5
Arte indígena brasileira

Jannes. *Colheita do milho*, 2005.
Acrílico sobre tela, 30 x 50 cm.
Galeria Jacques Ardies, São Paulo (SP).

Converse com os colegas.

1. O que esta reprodução de obra de arte mostra?
2. Você reconhece objetos de arte indígena nesta reprodução de pintura? Quais?
3. Você já viu peças de arte indígena brasileira? Quais?

83

Tradições culturais indígenas

Mesmo depois de 1500, quando começou a colonização portuguesa, os povos indígenas nativos do Brasil continuaram com as tradições culturais herdadas de seus antepassados.

Entre essas tradições, destacam-se as artes de produzir objetos de cerâmica, trançados de palha e enfeites para o corpo, incluindo a pintura corporal.

Os materiais usados nesses objetos são coletados na natureza, como madeira, sementes, frutos secos, fibra de palmeiras, cipós, argila.

Observe alguns desses objetos e depois leia um pouco mais sobre cada tipo de material e objeto utilizado para produzi-los.

Boneca *ritxoko* da etnia Karajá, sem data. Boneca de cerâmica, 13,5 cm de altura. Coleção particular.

Indígena Kalapalo finalizando rede de dormir confeccionada com fibras de buriti. Aldeia Aiha. Parque Indígena do Xingu (MT).

Banco de madeira feito por indígenas da etnia Wai-wai, de Oriximiná (PA).

Pente indígena Kaxinawá feito de madeira, palha e espinhos de palmeira tucumã e penas.

Cerâmica

A cerâmica produzida pelos indígenas brasileiros atualmente mantém a antiga técnica das civilizações pré-coloniais, que usavam roletes de argila para desenvolver suas peças.

Os artefatos de cerâmica são produzidos principalmente pelas mulheres, que criam potes, alguidares, esculturas e até brinquedos. Elas também utilizam as antigas técnicas para pintar e cozer ao fogo essas peças.

> **Alguidar:** vaso de barro ou de metal, com a borda bem maior que o fundo, parecido com uma bacia.

Indígena Kadiwéu produzindo vaso de cerâmica. Porto Murtinho (MS).

Trançados em palha

Os trançados em palha produzidos pelos indígenas atualmente são para uso doméstico, como cestos para armazenar ou transportar alimentos, coar líquidos, peneirar farinha, redes para dormir ou pescar, esteiras, tangas.

Os trançados são feitos tanto por mulheres quanto por homens, que mantêm a tradição dos diferentes usos e formatos desses objetos.

A palha usada para fazer cestos e enfeites pode ser colorida com tintas extraídas de plantas e sementes.

Indígena Mbyá Guarani produzindo cesto. Rio Grande do Sul.

Cada etnia indígena usa nos trançados de cestos desenhos herdados de seus antepassados.

Arte plumária

Cocares, cintos, brincos e outras peças feitas com penas e plumas de aves geralmente são produzidos pelos homens. Eles fazem a coleta e a seleção das penas e plumas.

Para produzir esse tipo de peça, as penas e as plumas são amarradas umas às outras com fibra vegetal.

Cocar feito pelos Kamaiurá, Xingu, (MT), sem data. Cocar de penas e fibra de palmeira, 34,3 x 43,9 cm. Coleção particular.

Brincos feitos pelos Kalapalo, Xingu (MT), sem data. Brincos de penas, plumas, madeira e fibra de palmeira, 15 cm de comprimento.

Pintura corporal

Para pintar o corpo, os indígenas utilizam tintas naturais, preparadas com frutos e folhas.

As cores mais usadas são a vermelha, feita com as sementes do urucum moídas, e a preta, extraída do fruto jenipapo.

As pinturas corporais diferenciam as etnias indígenas e dentro de cada etnia elas são usadas para diferenciar famílias, estado civil, homens e mulheres.

Os grafismos também possuem diferentes significados. Por exemplo, há os que são feitos para comemorações, outros são usados exclusivamente em rituais.

> **Grafismo:** estilo usado por um artista em seus desenhos e pinturas, como linhas, curvas, traços.

Menina da etnia Kayapó recebendo pintura facial. Aldeia Moikarako, São Félix do Xingu (PA).

Menina da etnia Kayapó mostrando a pintura facial feita de urucum e jenipapo. Aldeia Multiétnica, Alto Paraíso de Goiás (GO).

Os grafismos indígenas são inspirados na natureza e cada desenho tem significado diferente. Observe alguns grafismos da etnia Kayapó.

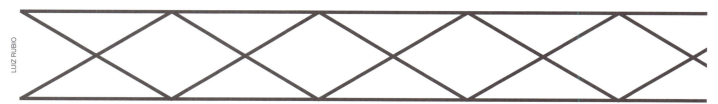

Grafismo chamado pelos Kayapó de *mak gho kuahi*, que significa "peixe kuahi grande".

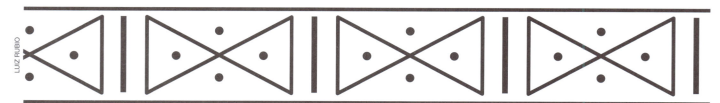

Grafismo chamado pelos Kayapó de *mak gho kuahi sepahe*, que significa "peixe kuahi grande separado".

Grafismo chamado pelos Kayapó de *mak ximê siapã*, que significa "caminho de cobra".

Grafismo chamado pelos Kayapó de *mak ximê xoso*, que significa "caminho da saúva caçadeira".

Os grafismos criados pelos indígenas foram e são usados em estamparia de tecidos, objetos de decoração etc. Observe dois exemplos: um, em preto e branco, empregado para estampar papel de parede, e outro, colorido, para estampar tecido.

Audiovisual
Geometria na arte indígena

Converse com os colegas e responda.

- Nas imagens de papel de parede e de tecido estampado há algum desenho que se pareça com os grafismos dos Kayapó?

89

Mãos à obra

 Que tal criar um grafismo inspirado nos desenhos indígenas?

Para isso, faça um rascunho em uma folha avulsa, usando régua e lápis preto. Depois, passe seu desenho a limpo no espaço a seguir.

 Seja criativo! Invente um grafismo original, use sua imaginação.

Música e dança

A música e a dança têm um papel importante na vida social das tribos. O indígena canta, dança e toca para celebrar fatos do dia a dia e também em rituais.

Por exemplo, eles podem festejar as boas colheitas e pescarias, a chegada dos adolescentes à idade adulta, ou fazer rituais para homenagear os mortos.

Entre os rituais e danças mais conhecidos dos indígenas brasileiros estão o Toré e o Quarup. O Toré é um ritual religioso, já o Quarup é uma forma de reverência aos mortos praticada por povos indígenas do Alto Xingu, em Mato Grosso.

> **Reverência:** atitude de muito respeito por algo ou alguém que se considera sagrado.

Indígenas da etnia Pankararu dançando o Toré. Tacaratu (PE).

Indígenas da etnia Yawalapiti dançando o Quarup. Parque Indígena do Xingu, Gaúcha do Norte (MT).

Instrumentos musicais

Os indígenas também produzem seus próprios instrumentos musicais, como flautas, trombetas, tambores e chocalhos.

Em nosso folclore, há muitas danças e ritmos de origem indígena, como o cururu, dança de origem tupi-guarani.

Indígenas da etnia Kalapalo tocando flauta uruá no ritual do Kuarup. Aldeia Aiha, Querência (MT).

Flautas de diversas etnias indígenas. Museu Paulista da Universidade de São Paulo, São Paulo (SP). Sem data.

Áudio
Música da etnia Tukano tocada com trombetas, flautas e chocalhos

Converse com os colegas sobre a questão proposta.
- Das fotos mostradas sobre a arte indígena, qual delas chamou sua atenção? Por quê?

Organize seus pensamentos antes de falar ou escrever! Capriche na hora de explicar suas ideias.

Para fazer com os colegas

Agora, você vai fazer uma cesta de jornal com trançado parecido com o usado pelos indígenas para produzir suas cestarias.

Materiais

- Jornais velhos (ou revistas)
- Cola branca ou em bastão
- Caneta
- Pincel (opcional)
- Tinta para artesanato (opcional)

Como fazer

1

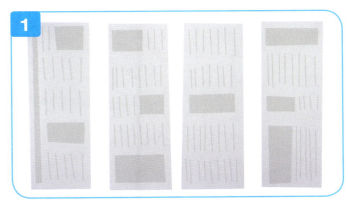

Corte 10 páginas de jornal em 4 partes iguais, no sentido da altura. Assim, você terá 40 rolinhos. Você também pode utilizar folhas de revista cortadas pela metade no sentido da altura.

2

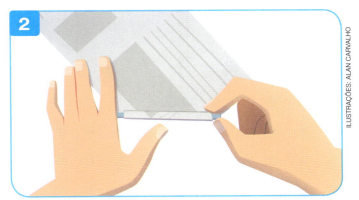

Enrole cada pedaço de jornal ou revista no sentido diagonal com a ajuda de uma caneta, até criar um canudinho. Ao terminar de enrolar cada tubo, cole a ponta.

3

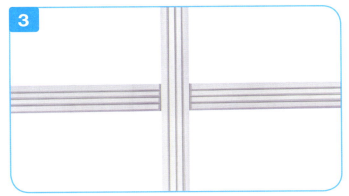

Monte a base da cesta como na imagem, usando 4 canudinhos em cima e 4 canudinhos embaixo. Eles devem ser colocados no formato de um sinal de adição.

4

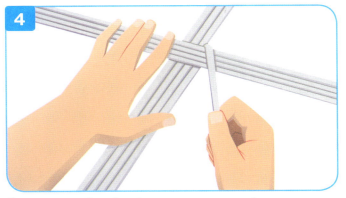

Comece o fundo da peça passando um dos canudinhos de baixo ao redor da base.

93

Continue passando o canudinho de baixo para cima e de cima para baixo. No final, você terá uma forma circular.

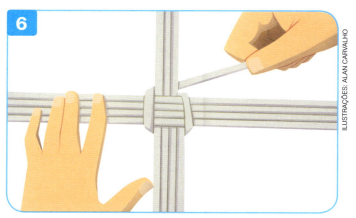

Quando chegar ao local onde iniciou o processo, afaste os canudinhos seguintes e comece a trançar a peça.

Passe o canudinho por cima do primeiro canudo ao lado dele; depois, por baixo do segundo; em seguida, por cima do terceiro, e assim sucessivamente.

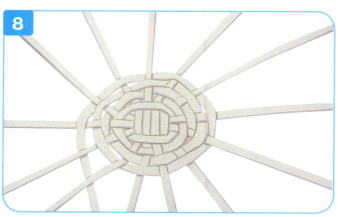

Vá trabalhando no fundo da peça até que a base esteja no tamanho desejado.

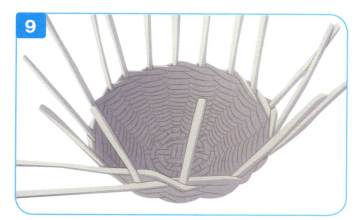

Levante delicadamente os lados para a peça ficar funda. Se os canudinhos que servem de estrutura para a peça ficarem pequenos, aumente-os colando outro na ponta deles.

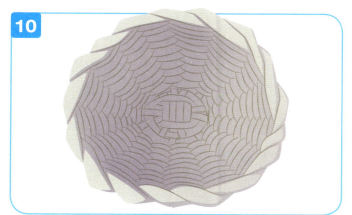

Se no final do trabalho sobrarem pontas de canudinhos na cesta, corte-os, deixando aproximadamente três centímetros. Então amasse a ponta, passe cola e encaixe na trama.

Vamos ler

- **Meu livro de arte – tudo sobre as cores**, de Rosie Dickins. São Paulo: Usborne, 2015.

  Esse livro apresenta uma introdução divertida ao mundo da arte. O leitor vai descobrir como os pigmentos e as tintas surgiram e como foram utilizadas por artistas famosos. Para despertar o interesse do leitor, são apresentadas diversas obras de arte, além de curiosidades e fatos divertidos sobre a história da arte mundial.

- **Cores, jogos e experiências**, de Ann Forslind. São Paulo: Callis, 2009.

  De onde vêm as cores? O que acontece quando elas se misturam? Esse livro responde a essas perguntas e faz o leitor entrar no mundo das cores por meio de descobertas e experiências apaixonantes.

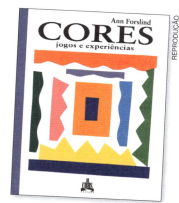

- **Encontro com Krajcberg**, de Rosane Acedo e Cecília Aranha. São Paulo: Formato, 2012.

  Esse livro coloca o leitor em contato com a vida e a obra do artista polonês Frans Krajcberg. Ele morou no sul da Bahia desde a década de 1970 até 2017, quando morreu, e lá manteve seu ateliê. O artista denunciou, por meio das obras que criou, o descaso com as florestas e a incapacidade da sociedade de proteger seu patrimônio natural e humano.

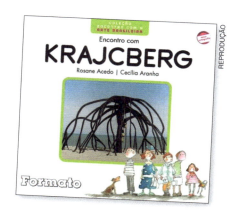

- **Arte rupestre**, de Hildegard Feist. São Paulo: Moderna, 2010.

  Nesse livro, a autora trata da arte rupestre, daquelas imagens desenhadas, pintadas ou gravadas por homens pré-históricos em pedras e cavernas. Muitos desenhos que eles fizeram sobreviveram ao tempo e hoje podem ser observados. Para essa obra foram selecionadas algumas das mais famosas e mais impressionantes artes rupestres.

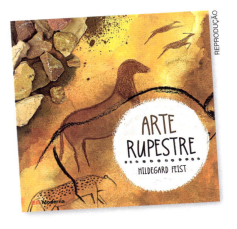

- **A Pré-História passo a passo**, de Colette Swinnen. São Paulo: Claro Enigma, 2014.

  Como surgiu a espécie humana? Quem foi Neanderthal? Desde a aparição do primeiro homem na Terra até o surgimento do *Homo sapiens*, passaram-se milhões de anos. Esse livro apresenta, de maneira simples e completa, esse vasto e rico período da História e as ciências que o estudam.

- **Arte indígena**, de Hildegard Feist. São Paulo: Moderna, 2010.

  Esse livro traz expressões artísticas tradicionais de vários povos indígenas. A autora selecionou alguns exemplos bem interessantes, bonitos e significativos da arte plumária, da pintura corporal, da cerâmica e de outras manifestações artísticas dos indígenas brasileiros.

- **Sou indígena e sou criança**, de César Obeid. São Paulo: Moderna, 2014.

  Nesse livro, o leitor vai conhecer a história de uma criança indígena brasileira que faz muitas coisas que toda criança faz, mas com uma diferença: a criança indígena não perdeu o contato com a natureza, não tirou o pé da terra e sabe escutar os sinais da floresta.

- **O que é, o que é? – O pajé e as crianças numa aldeia guarani**, de Luis Donisete Benzi Grupioni. São Paulo: Moderna, 2014.

  Nesse livro, o autor mostra como é o Mbaravija, ou adivinhação. Nessa arte tradicional, os indígenas mais velhos de uma aldeia fazem perguntas aos que estão em volta deles para estimular a busca por respostas.

- Destaque esta página e as peças para o cartão *pop-up* das páginas 4 e 5.

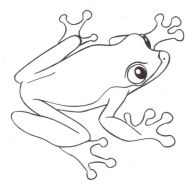

COLE AQUI A CAPA DO CARTÃO

- Destaque o retângulo e cole-o no verso do cartão da página 97.

COLE NO VERSO DO CARTÃO